BEACH MAN

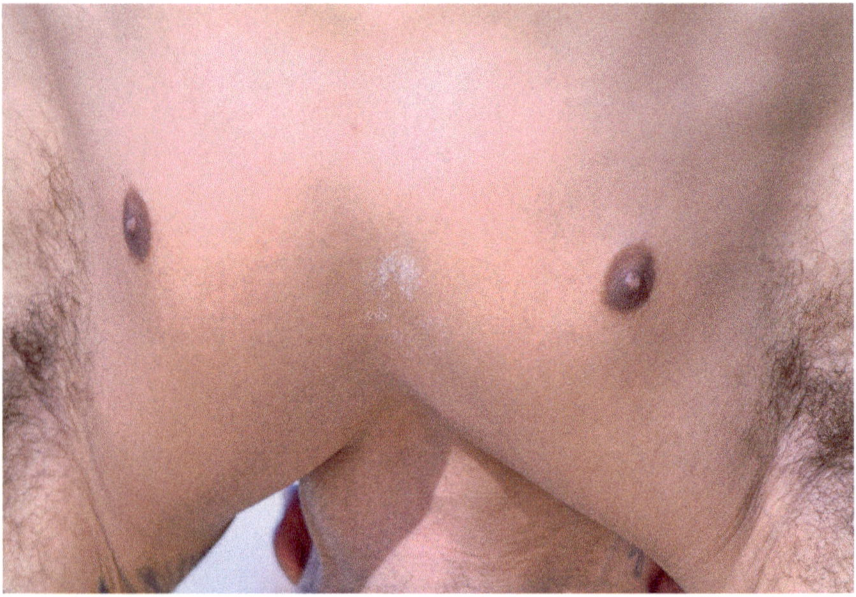

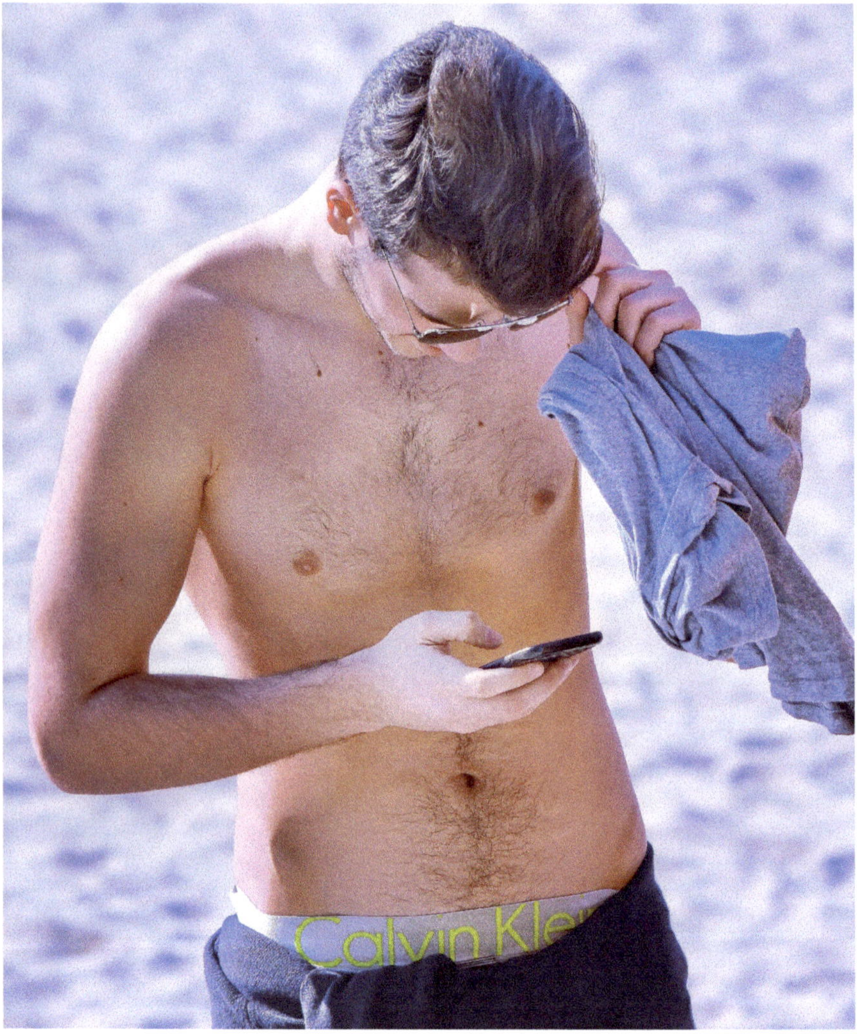
Calvin Klei

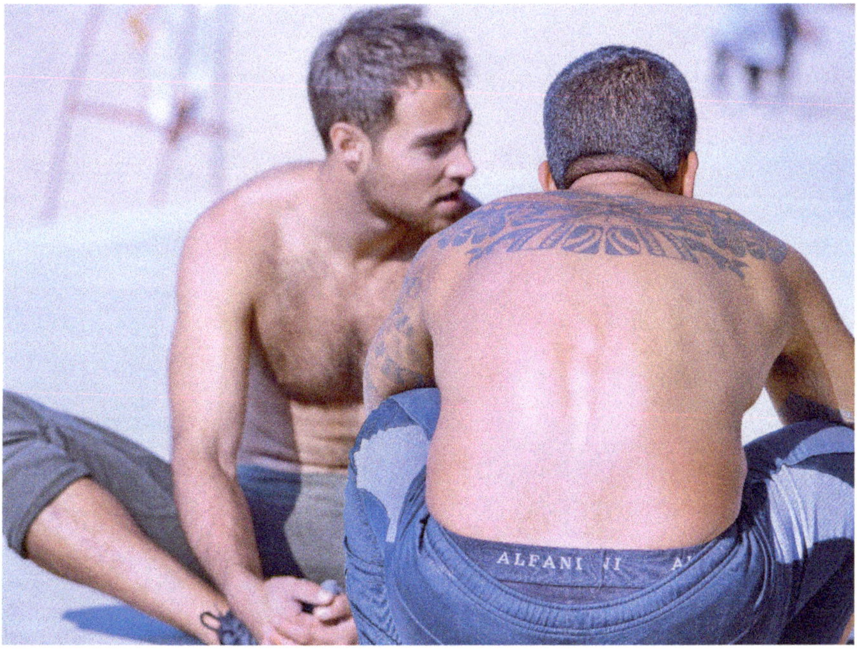
ALFANI

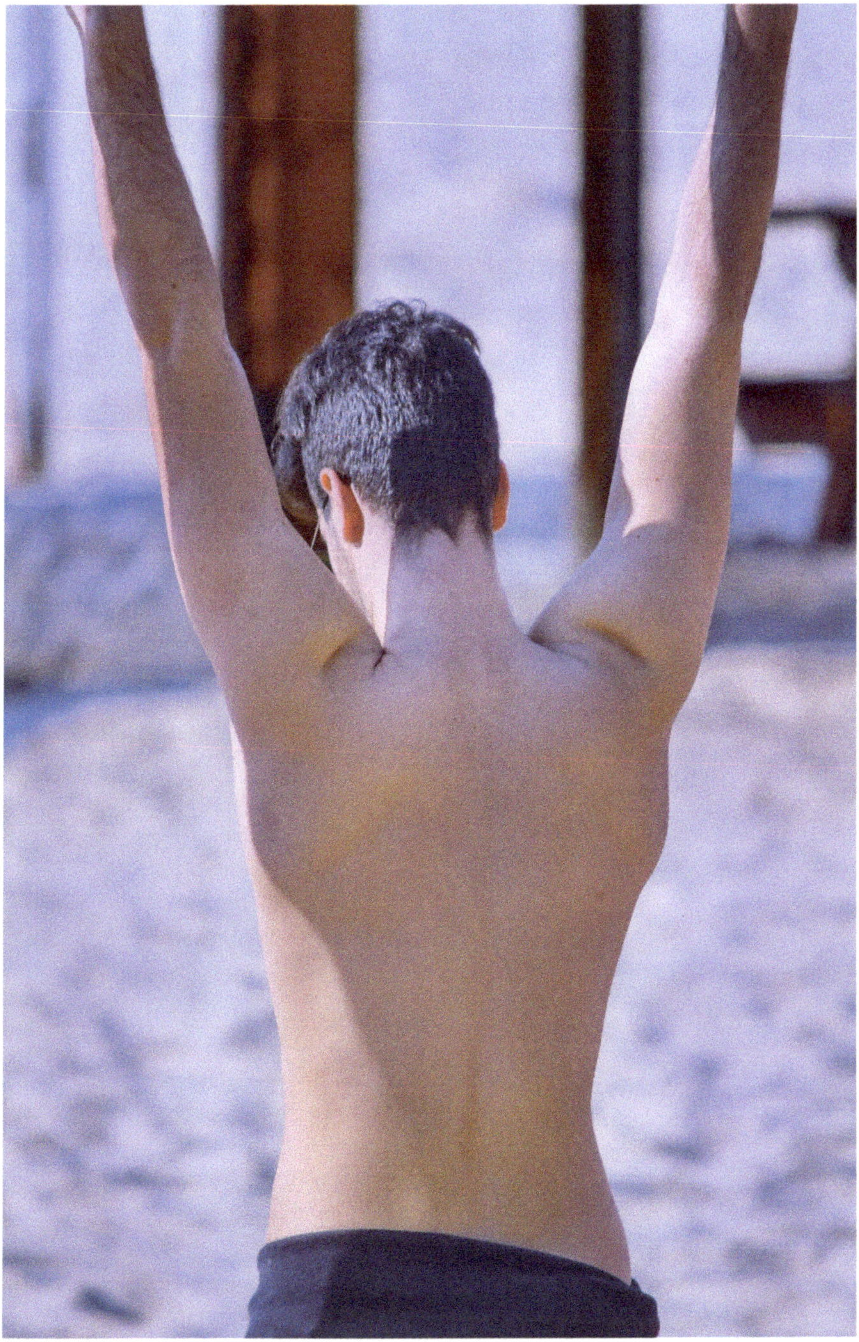

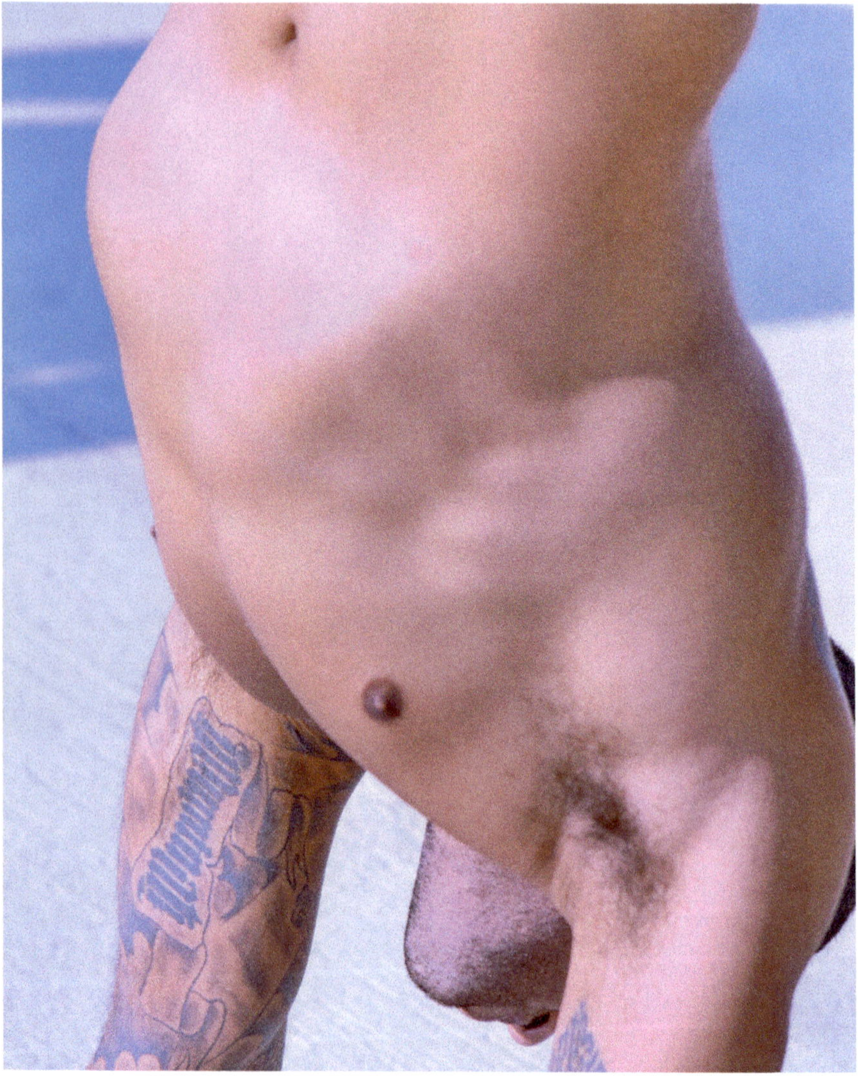

ALFANI

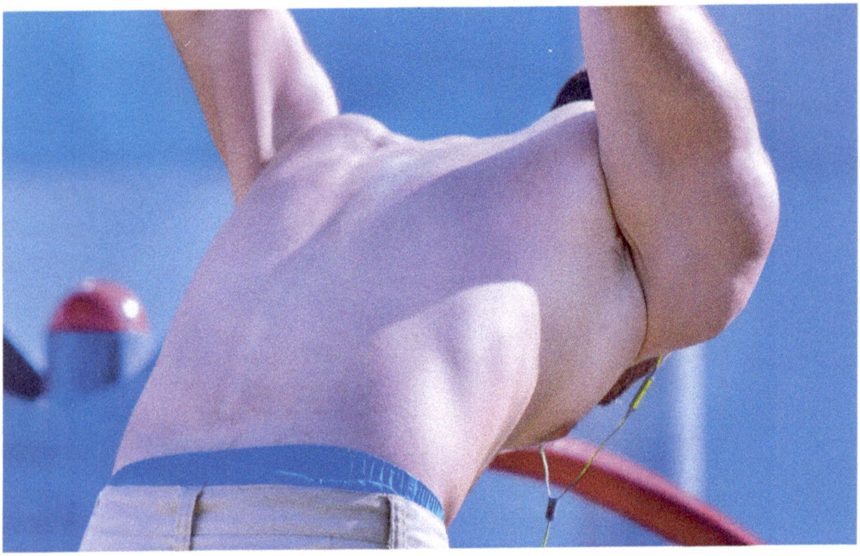

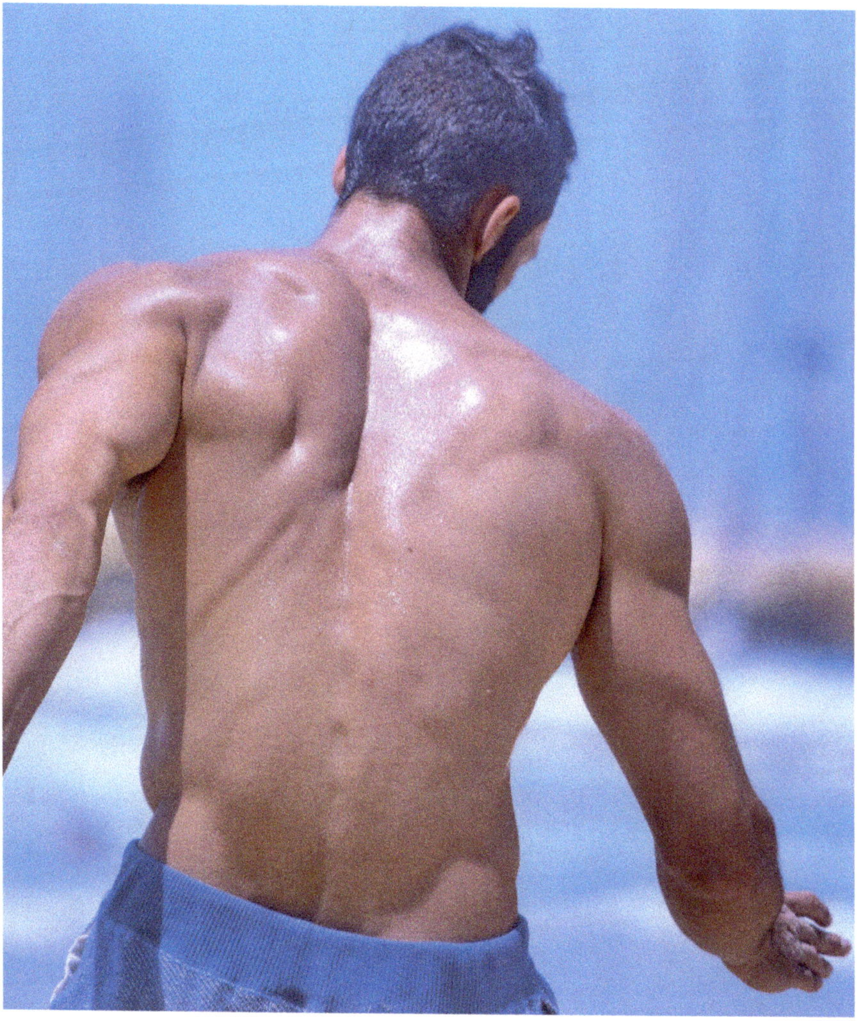

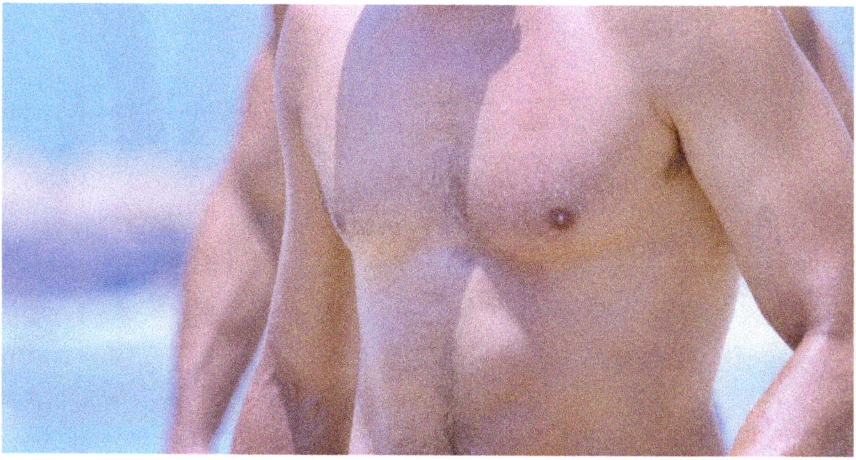